PLANT	ROOM	INTER	PREV	1	2	3	4	5	6	7	8	9	10	11	12	13																		31

* **INTER** - watering interval ** **PREV** - previous date

MONTH ________________

PLANT	ROOM	INTER	PREV	1	2	3	4	5	6	7	8	9	10	11	12	13	14	15	16	17	18	19	20	21	22	23	24	25	26	27	28	29	30	31

* **INTER** - watering interval ** **PREV** - previous date

MONTH ______________

PLANT	ROOM	INTER	PREV	1	2	3	4	5	6	7	8	9	10	11	12	13	14	15	16	17	18	19	20	21	22	23	24	25	26	27	28	29	30	31

* **INTER** - watering interval ** **PREV** - previous date

MONTH ________________

PLANT	ROOM	INTER	PREV	1	2	3	4	5	6	7	8	9	10	11	12	13	14	15	16	17	18	19	20	21	22	23	24	25	26	27	28	29	30	31

* **INTER** - watering interval ** **PREV** - previous date

MONTH ________________

PLANT	ROOM	INTER	PREV	1	2	3	4	5	6	7	8	9	10	11	12	13	14	15	16	17	18	19	20	21	22	23	24	25	26	27	28	29	30	31

* **INTER** - watering interval ** **PREV** - previous date

MONTH ______________

PLANT	ROOM	INTER	PREV	1	2	3	4	5	6	7	8	9	10	11	12	13	14	15	16	17	18	19	20	21	22	23	24	25	26	27	28	29	30	31

* **INTER** - watering interval ** **PREV** - previous date

MONTH ____________

PLANT	ROOM	INTER	PREV	1	2	3	4	5	6	7	8	9	10	11	12	13	14	15	16	17	18	19	20	21	22	23	24	25	26	27	28	29	30	31

* **INTER** - watering interval ** **PREV** - previous date

MONTH ______________

PLANT	ROOM	INTER	PREV	1	2	3	4	5	6	7	8	9	10	11	12	13	14	15	16	17	18	19	20	21	22	23	24	25	26	27	28	29	30	31

* **INTER** - watering interval ** **PREV** - previous date

MONTH ______________

PLANT	ROOM	INTER	PREV	1	2	3	4	5	6	7	8	9	10	11	12	13	14	15	16	17	18	19	20	21	22	23	24	25	26	27	28	29	30	31

* **INTER** - watering interval ** **PREV** - previous date

MONTH ____________

PLANT	ROOM	INTER	PREV	1	2	3	4	5	6	7	8	9	10	11	12	13	14	15	16	17	18	19	20	21	22	23	24	25	26	27	28	29	30	31

* INTER - watering interval ** PREV - previous date

MONTH ____________________

PLANT	ROOM	INTER	PREV	1	2	3	4	5	6	7	8	9	10	11	12	13	14	15	16	17	18	19	20	21	22	23	24	25	26	27	28	29	30	31

* **INTER** - watering interval ** **PREV** - previous date

MONTH ________________

PLANT	ROOM	INTER	PREV	1	2	3	4	5	6	7	8	9	10	11	12	13	14	15	16	17	18	19	20	21	22	23	24	25	26	27	28	29	30	31

* **INTER** - watering interval ** **PREV** - previous date

MONTH ____________________

PLANT	ROOM	INTER	PREV	1	2	3	4	5	6	7	8	9	10	11	12	13	14	15	16	17	18	19	20	21	22	23	24	25	26	27	28	29	30	31

* **INTER** - watering interval ** **PREV** - previous date

MONTH ____________

PLANT	ROOM	INTER	PREV	1	2	3	4	5	6	7	8	9	10	11	12	13	14	15	16	17	18	19	20	21	22	23	24	25	26	27	28	29	30	31

* **INTER** - watering interval ** **PREV** - previous date

MONTH ____________

PLANT	ROOM	INTER	PREV	1	2	3	4	5	6	7	8	9	10	11	12	13	14	15	16	17	18	19	20	21	22	23	24	25	26	27	28	29	30	31

* **INTER** - watering interval   ** **PREV** - previous date

MONTH ____________

PLANT	ROOM	INTER	PREV	1	2	3	4	5	6	7	8	9	10	11	12	13	14	15	16	17	18	19	20	21	22	23	24	25	26	27	28	29	30	31

* **INTER** - watering interval
** **PREV** - previous date

MONTH ______________

PLANT	ROOM	INTER	PREV	1	2	3	4	5	6	7	8	9	10	11	12	13	14	15	16	17	18	19	20	21	22	23	24	25	26	27	28	29	30	31

* **INTER** - watering interval ** **PREV** - previous date

MONTH ________________

PLANT	ROOM	INTER	PREV	1	2	3	4	5	6	7	8	9	10	11	12	13	14	15	16	17	18	19	20	21	22	23	24	25	26	27	28	29	30	31

* **INTER** - watering interval ** **PREV** - previous date

MONTH ______________

PLANT	ROOM	INTER	PREV	1	2	3	4	5	6	7	8	9	10	11	12	13	14	15	16	17	18	19	20	21	22	23	24	25	26	27	28	29	30	31

* **INTER** - watering interval ** **PREV** - previous date

MONTH ____________

PLANT	ROOM	INTER	PREV	1	2	3	4	5	6	7	8	9	10	11	12	13	14	15	16	17	18	19	20	21	22	23	24	25	26	27	28	29	30	31

* **INTER** - watering interval   ** **PREV** - previous date

MONTH ____________

PLANT	ROOM	INTER	PREV	1	2	3	4	5	6	7	8	9	10	11	12	13	14	15	16	17	18	19	20	21	22	23	24	25	26	27	28	29	30	31

* **INTER** - watering interval ** **PREV** - previous date

MONTH ____________

PLANT	ROOM	INTER	PREV	1	2	3	4	5	6	7	8	9	10	11	12	13	14	15	16	17	18	19	20	21	22	23	24	25	26	27	28	29	30	31

* **INTER** - watering interval ** **PREV** - previous date

MONTH ________________

PLANT	ROOM	INTER	PREV	1	2	3	4	5	6	7	8	9	10	11	12	13	14	15	16	17	18	19	20	21	22	23	24	25	26	27	28	29	30	31

* **INTER** - watering interval ** **PREV** - previous date

MONTH ________________

PLANT	ROOM	INTER	PREV	1	2	3	4	5	6	7	8	9	10	11	12	13	14	15	16	17	18	19	20	21	22	23	24	25	26	27	28	29	30	31

* **INTER** - watering interval ** **PREV** - previous date

MONTH ____________

PLANT	ROOM	INTER	PREV	1	2	3	4	5	6	7	8	9	10	11	12	13	14	15	16	17	18	19	20	21	22	23	24	25	26	27	28	29	30	31

* **INTER** - watering interval

** **PREV** - previous date

MONTH ____________

PLANT	ROOM	INTER	PREV	1	2	3	4	5	6	7	8	9	10	11	12	13	14	15	16	17	18	19	20	21	22	23	24	25	26	27	28	29	30	31

* **INTER** - watering interval ** **PREV** - previous date

MONTH ____________

PLANT	ROOM	INTER	PREV	1	2	3	4	5	6	7	8	9	10	11	12	13	14	15	16	17	18	19	20	21	22	23	24	25	26	27	28	29	30	31

* **INTER** - watering interval ** **PREV** - previous date

MONTH ____________

PLANT	ROOM	INTER	PREV	1	2	3	4	5	6	7	8	9	10	11	12	13	14	15	16	17	18	19	20	21	22	23	24	25	26	27	28	29	30	31

* **INTER** - watering interval ** **PREV** - previous date

MONTH ______________

PLANT	ROOM	INTER	PREV	1	2	3	4	5	6	7	8	9	10	11	12	13	14	15	16	17	18	19	20	21	22	23	24	25	26	27	28	29	30	31

*** INTER** - watering interval **** PREV** - previous date

MONTH ________________

PLANT	ROOM	INTER	PREV	1	2	3	4	5	6	7	8	9	10	11	12	13	14	15	16	17	18	19	20	21	22	23	24	25	26	27	28	29	30	31

* **INTER** - watering interval ** **PREV** - previous date

MONTH ________________

PLANT	ROOM	INTER	PREV	1	2	3	4	5	6	7	8	9	10	11	12	13	14	15	16	17	18	19	20	21	22	23	24	25	26	27	28	29	30	31

* **INTER** - watering interval ** **PREV** - previous date

MONTH ____________________

PLANT	ROOM	INTER	PREV	1	2	3	4	5	6	7	8	9	10	11	12	13	14	15	16	17	18	19	20	21	22	23	24	25	26	27	28	29	30	31

* **INTER** - watering interval ** **PREV** - previous date

MONTH ______________

PLANT	ROOM	INTER	PREV	1	2	3	4	5	6	7	8	9	10	11	12	13	14	15	16	17	18	19	20	21	22	23	24	25	26	27	28	29	30	31

* **INTER** - watering interval ** **PREV** - previous date

MONTH ____________

PLANT	ROOM	INTER	PREV	1	2	3	4	5	6	7	8	9	10	11	12	13	14	15	16	17	18	19	20	21	22	23	24	25	26	27	28	29	30	31

* **INTER** - watering interval   ** **PREV** - previous date

MONTH ______________

PLANT	ROOM	INTER	PREV	1	2	3	4	5	6	7	8	9	10	11	12	13	14	15	16	17	18	19	20	21	22	23	24	25	26	27	28	29	30	31

* **INTER** - watering interval ** **PREV** - previous date

MONTH ______________

PLANT	ROOM	INTER	PREV	1	2	3	4	5	6	7	8	9	10	11	12	13	14	15	16	17	18	19	20	21	22	23	24	25	26	27	28	29	30	31

* **INTER** - watering interval ** **PREV** - previous date

MONTH ______________

PLANT	ROOM	INTER	PREV	1	2	3	4	5	6	7	8	9	10	11	12	13	14	15	16	17	18	19	20	21	22	23	24	25	26	27	28	29	30	31

* **INTER** - watering interval   ** **PREV** - previous date

MONTH ______________

PLANT	ROOM	INTER	PREV	1	2	3	4	5	6	7	8	9	10	11	12	13	14	15	16	17	18	19	20	21	22	23	24	25	26	27	28	29	30	31

* **INTER** - watering interval ** **PREV** - previous date

MONTH ____________

PLANT	ROOM	INTER	PREV	1	2	3	4	5	6	7	8	9	10	11	12	13	14	15	16	17	18	19	20	21	22	23	24	25	26	27	28	29	30	31

* **INTER** - watering interval   ** **PREV** - previous date

MONTH ______________

PLANT	ROOM	INTER	PREV	1	2	3	4	5	6	7	8	9	10	11	12	13	14	15	16	17	18	19	20	21	22	23	24	25	26	27	28	29	30	31

* **INTER** - watering interval ** **PREV** - previous date

MONTH ______________

PLANT	ROOM	INTER	PREV	1	2	3	4	5	6	7	8	9	10	11	12	13	14	15	16	17	18	19	20	21	22	23	24	25	26	27	28	29	30	31

* **INTER** - watering interval ** **PREV** - previous date

MONTH ____________

PLANT	ROOM	INTER	PREV	1	2	3	4	5	6	7	8	9	10	11	12	13	14	15	16	17	18	19	20	21	22	23	24	25	26	27	28	29	30	31

* **INTER** - watering interval ** **PREV** - previous date

MONTH ______________

PLANT	ROOM	INTER	PREV	1	2	3	4	5	6	7	8	9	10	11	12	13	14	15	16	17	18	19	20	21	22	23	24	25	26	27	28	29	30	31

* **INTER** - watering interval ** **PREV** - previous date

Made in the USA
Las Vegas, NV
12 February 2021

17715605R00060